W0020400

Der Bücherbär
Kleine Geschichten

Dieses Buch gehört

Manfred Mai
wurde 1949 geboren, lebt mit seiner Familie als freier Schriftsteller in Winterlingen auf der Schwäbischen Alb. Er schreibt für Kinder und Erwachsene. Seine Bücher wurden mehrfach ausgezeichnet und in viele Sprachen übersetzt.

Wolfgang Slawski,
geboren 1964, studierte an der Hamburger Fachhochschule für Gestaltung. 1994 gründete er zusammen mit acht anderen Illustratoren das „atelier 9“ und arbeitet seitdem als freier Grafiker. Heute lebt er mit seiner Frau Astrid Krömer, seinem Sohn und seiner Tochter in Laboe bei Kiel.

Manfred Mai

Spannende Baumhausgeschichten

Mit Fragen zum Textverständnis

Mit Bildern von Wolfgang Slawski

In neuer Rechtschreibung

1. Auflage 2005

Einband und Illustrationen: Wolfgang Slawski
Gesamtherstellung: Westermann Druck Zwickau GmbH
ISBN 3-401-08755-X

www.arena-verlag.de

Inhalt

Nicht aufhalten lassen

Leons Großvater wohnt
in einem alten Bauernhaus,
zu dem ein großer Garten gehört.
Hier stehen noch ein paar
mächtige Obstbäume
mit weit ausladenden Ästen.
Auf einem dieser Bäume
möchte Leon mit seinen Freunden
eine Hütte bauen.
Und sein Großvater
hat nichts dagegen.
An einem schönen Nachmittag
kommen Leon, Moritz, Anne und Paul
mit Brettern unter den Armen
anmarschiert.
Leons Großvater lächelt.

„Jetzt geht's also los."
Er holt Werkzeug aus dem Schuppen
und steht den Kindern
mit Rat und Tat zur Seite.
Die machen sich eifrig an die Arbeit.
Es wird geplant, gemessen,
gesägt, gehämmert, geschwitzt
und zwischendurch
auch mal geschimpft,
wenn etwas nicht gleich klappt.

„Au!“, ruft Moritz
und tanzt wie Rumpelstilzchen herum,
weil er sich mit dem Hammer
auf den Daumen geschlagen hat.
„Unters kalte Wasser damit!“,
sagt der Großvater
und öffnet den Wasserhahn.

Moritz hält den Daumen drunter
und spürt,
wie das kalte Wasser
den Schmerz lindert.
Er wischt die Tränen weg.

Ein paar Minuten später
hämmert er schon wieder.
Auch Leon und Anne treffen
statt der Nägel mal die Finger.
Paul reißt sich
an einem abgebrochenen Ast
den Handrücken auf,
sodass der Großvater
ein Pflaster draufkleben muss.

Aber die Kinder lassen sich
dadurch nicht aufhalten.
Drei Nachmittage lang arbeiten
Leon, Moritz, Anne und Paul
so fleißig wie noch nie.
Alle vier haben
zahlreiche Kratzer und Schrammen.
Doch die Schmerzen sind vergessen,
als ihre Baumhütte fertig ist.
Leons Großvater kommt
mit einer Flasche Apfelsaft
und Keksen aus dem Haus.
„Prima habt ihr das gemacht,
das muss gefeiert werden!“

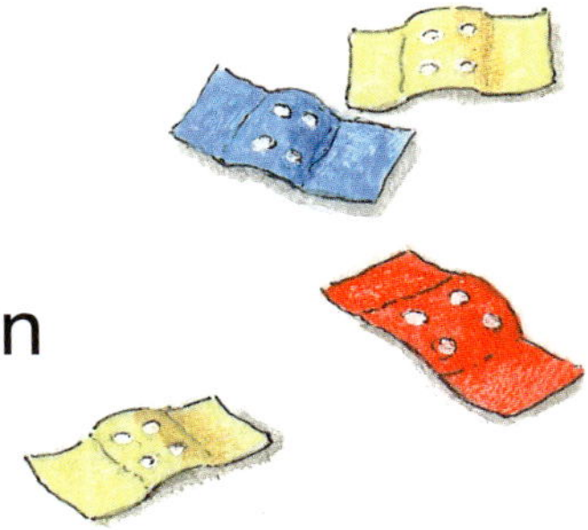

Die Kinder setzen sich ins Gras,
essen Kekse und
lassen den Apfelsaft reihum gehen.
Dabei zählen sie,
wer am meisten Pflaster
an Händen, Armen und Beinen hat.
Paul ist mit vier Stück
der stolze Sieger.

☞ Wieso hält Moritz den Daumen unters kalte Wasser?

Gerettet

„Sophie, hörst du mich?“
Sophie dreht sich nuschelnd
auf die andere Seite.
„Sophie!“
Papa rüttelt an ihrem Arm.
„Wenn du mitkommen willst,
musst du jetzt aufstehn.“
Sie öffnet die Augen
und sieht Papa
in seiner Jägerkleidung
an ihrem Bett stehen.

Da weiß sie,
dass sie heute zum ersten Mal
mit ihm am frühen Morgen
in den Wald darf.

Zwanzig Minuten später
sind sie auf dem Weg
zu Papas Hochsitz.
Der besteht nicht nur
aus ein paar Stangen und Brettern
wie viele Hochsitze.

Nein, er ist ein richtiges Baumhaus,
das eine Tür und zwei Fenster hat.
Sophie setzt sich an ein Fenster
und schaut hinaus.
Obwohl es
noch nicht mal sechs Uhr ist,
ist sie inzwischen hellwach.
„Wann kommt denn ein Reh?“,
fragt sie nach einer Weile.
„Pssst!“, macht Papa.

Sophie nimmt Papas Fernglas,
sucht die Wiese ab –
und entdeckt drei Hasen.
Sie hoppeln und fressen,
machen Männchen
und spitzen die Löffel.
Plötzlich laufen sie los
und schlagen Haken.
Es sieht aus,
als spielten sie Fangen.
Papa stupst Sophie an
und zeigt auf einen Fuchs.
Langsam nähert er sich den Hasen.

Die knabbern inzwischen wieder
an dem taufrischen Gras.
„Lauft weg“, flüstert Sophie.
„Lauft doch weg!“
Der Fuchs ist nur noch wenige Meter
von den Hasen entfernt,
da klopft Sophie
an die Fensterscheibe.
Im gleichen Augenblick
rasen die Hasen davon.
Der Fuchs jagt hinter ihnen her,
gibt jedoch schnell auf
und trottet weiter.

„Ich habe sie gerettet“,
freut sich Sophie.
Papa streicht ihr übers Haar.
Dann öffnet er
vorsichtig die Fenster.
„Damit wir die Tiere besser hören“,
sagt er leise.
Es dauert auch nicht lange,
bis es unter ihnen raschelt –
und grunzt!
„Eine Wildsau“, flüstert Papa.
„Sie sucht etwas zum Fressen.“
Sophie beugt sich ein Stück
aus dem Fenster.
Unten sieht sie an der Leiter
zwei Wildschweine schnüffeln.
„Sie kommen hoch!“,
ruft sie ängstlich und weicht zurück.

„Nicht so laut!“, sagt Papa.
„Du verscheuchst ja das ganze Wild.“
„Die sollen auch verschwinden,
die mag ich nicht.“

Sophie klatscht kräftig in die Hände.
Die Wildschweine quieken laut
und rasen im Schweinsgalopp davon.
„Jetzt hast du es geschafft,
dass sich heute Morgen bestimmt
kein Reh mehr sehen lässt“,
brummt Papa.
Wie schade, denkt Sophie,
aber Hauptsache,
die Wildschweine sind weg.

☞ Welche Tiere sieht Sophie an diesem Morgen?

Jetzt!

Lukas, Enes und Maxi
sitzen in ihrem Baumhaus.
Sie besprechen,
was sie heute tun sollen.
Enes möchte zum Bolzplatz
und Fußball spielen.
Lukas möchte mit den Rädern
durch die Gegend fahren.
Maxi möchte im Baumhaus bleiben
und etwas spielen.
Jeder versucht die anderen
für seinen Vorschlag zu gewinnen.
„Seid mal still!“, sagt Lukas.
„Wieso, was ist los?“,
wollen seine Freunde wissen.
„Ich hab was gehört.“

Vorsichtig späht er
zu der offenen Tür hinaus.
„Siehst du was?“,
fragt Enes leise.
„Nein – doch, da ist einer!“
Sofort drängen sich
Enes und Maxi neben ihn,
sehen jedoch keinen.
„Wo ist einer?“,
will Maxi wissen.
„Jetzt ist er wieder weg.“
„Du siehst Gespenster“,
meint Maxi und robbt zurück
auf die alte Matratze.
Lukas und Enes suchen
mit den Augen das Gelände ab.
„Da!“, ruft Enes.
„Jetzt hab ich ihn auch gesehen!“

„Wen? Das Gespenst?“, fragt Maxi.
„Da ist noch einer“, meldet Lukas.
Jetzt kommt Maxi aus seiner Ecke
und kniet zwischen Lukas und Enes.
Sie entdecken mehrere Jungen,
die sich anschleichen.
„Die wollen uns überfallen“,
meint Enes.
„Die sollen nur kommen“,
sagt Maxi.
Er zieht den Karton
mit den Tannenzapfen heran.
„Ich werfe zu der Luke hinaus,
ihr zu der Tür.

Aber vorher lassen wir sie
so nah herankommen,
dass sie glauben,
wir seien nicht mehr da."
Lukas und Enes nicken.
Sie stellen sich so auf,
dass sie von außen
nicht gesehen werden können.
Unten kommen die fremden Jungen
im Schutz der Sträucher näher.
„Es sind vier", flüstert Lukas.

„Du nimmst den
mit dem roten Pulli,
Enes und ich die drei anderen.“
Maxi nickt.
Dann kommen die Angreifer
aus ihrer Deckung.
Als sie über den freien Platz
auf den Baumhaus-Baum zulaufen,
ruft Maxi: „Jetzt!“
Und schon zischen die Tannenzapfen
durch die Luft.

Die Angreifer sind so überrascht,
dass sie ein paar Augenblicke
wie angewurzelt stehen bleiben.
Obwohl manche Tannenzapfen
ihr Ziel verfehlen,
landen Maxi, Lukas und Enes
eine ganze Menge Treffer.
Schimpfend ergreifen
die vier Jungen die Flucht.
„Sie hauen ab!“, ruft Enes.
„Wir haben gewonnen!“
Die drei klatschen sich ab,
wie Fußballer nach einem großen Sieg.

„Unsere Baumhaus-Burg ist
uneinnehmbar
wie eine richtige Burg“,
meint Maxi.
„Aber jetzt müssen wir
neue Tannenzapfen sammeln,
damit wir auch
den nächsten Angriff
abwehren können“, sagt Lukas.
Und damit ist die Frage,
was sie heute tun sollen,
endgültig geklärt.

☞ Wer entdeckt die Angreifer zuerst?

Ungestört

Ein Baumhaus hätte es werden sollen,
es ist aber nie fertig geworden.
und ähnelt eher einer Ruine.
Doch das ist Joshua egal.
Hauptsache, er wird von unten
nicht gesehen und hat seine Ruhe.

Joshua liegt oft in seiner Ruine
und beobachtet Käfer und Raupen.
Die faszinieren ihn.
Wie sie unermüdlich krabbeln
und kriechen
und sich auch von Hindernissen
nicht aufhalten lassen.

Joshua fragt sich oft,
ob diese kleinen Wesen einfach
draufloskrabbeln und -kriechen
oder ob sie ein Ziel haben.
Und wenn sie eines haben,
woher sie davon wissen.

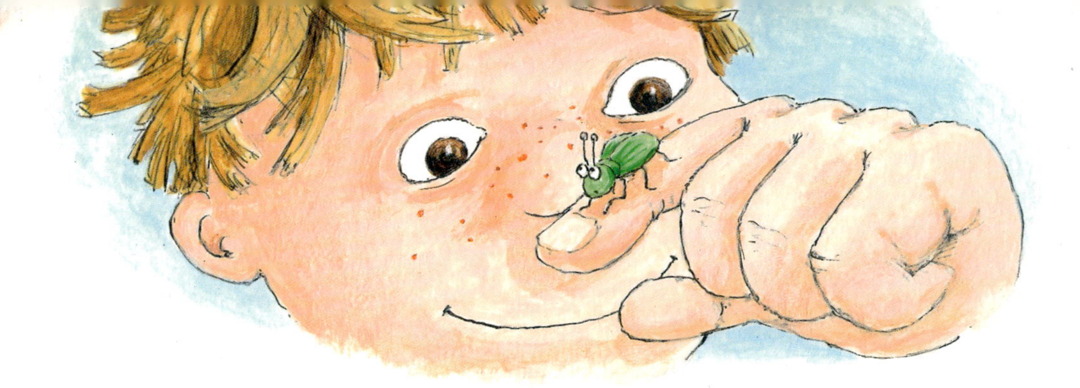

Wenn er sie beobachtet,
sieht es so aus,
als würden sie einem Ziel zustreben.
Aber wenn er diese kleinen Wesen
behutsam mit zwei Fingern aufnimmt
und auf ihrem Weg umdreht,
krabbeln und kriechen sie bald
genauso eifrig weiter –
nur eben in eine andere Richtung.
Manchmal möchte er ein Käfer sein,
manchmal lieber ein Vogel.
Die fliegen mal hierhin,
mal dorthin und bleiben immer,
wo es ihnen gefällt.

Wenn Joshua
in seinem Baumhaus liegt
und durch die Äste
in den Himmel schaut,
stellt er sich vor,
wie er durch die Luft gleitet.
In Gedanken fliegt er
über ferne Städte und Länder.
Das ist herrlich
und das kann er sich
nirgendwo so gut vorstellen,
wie wenn er ungestört
in seiner Baumruine liegt.

☞ Was fragt sich Joshua,
wenn er Käfer beobachtet?

Unheimlich

Im Frühjahr hat Papa
für Lena und Luis
ein Baumhaus in den Apfelbaum
im Garten gebaut.
Die beiden haben es
schön eingerichtet
und schon oft darin gespielt.
An einem warmen Tag
in den Sommerferien
hat Lena eine Idee:
„Wir schlafen heute
in unserem Baumhaus."

Luis ist sofort einverstanden,
aber Mama und Papa haben Bedenken.
Sie wollen ihren Kindern
die Sache ausreden,
doch die lassen sich
nicht umstimmen. 
Sie tragen Decken und Kissen,
Schmusetiere und eine Taschenlampe
ins Baumhaus. 
Dann ziehen sie
ihre Jogginganzüge an
und machen sich fertig zum Schlafen.
Mama redet noch mal
auf Lena und Luis ein,
aber vergeblich.
Da nimmt Papa sie zur Seite
und flüstert ihr etwas ins Ohr.
„Meinst du?“, fragt sie unsicher.

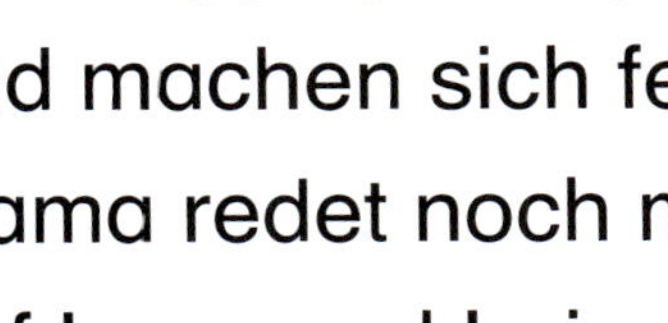

„Bestimmt“, antwortet er.
„Ganz bestimmt.“
Lena und Luis
steigen die Leiter hoch
und legen sich ins Luftmatratzenbett.
Mama und Papa schauen nacheinander
zu der kleinen Tür hinein
und wünschen ihren Kindern
eine gute Nacht.

Weil das Laub dicht ist
und das Baumhaus
nur ein kleines Fenster hat,
wird es innen schnell dunkel.
Trotzdem können Lena und Luis
nicht einschlafen,
dafür sind sie viel zu aufgeregt.
Sie lauschen in die Dunkelheit hinein
und hören Geräusche,
die sie bei Tag
so nie gehört haben.
Unheimliche Geräusche!
Über ihnen krächzt ein Vogel,
der riesig sein muss.
Ein Motorrad donnert vorüber,
sodass die Kinder
ein leichtes Vibrieren spüren.

Zwei Katzen kämpfen miteinander
und brüllen dabei wie Löwen.
„Lena, ich hab Angst“,
flüstert Luis.
„Ich auch.“
Lena knipst die Taschenlampe an.
Der Ast vor dem Fenster
sieht aus wie ein Gespensterarm,
der hereingreift.
„Mach aus“,
sagt Luis mit weinerlicher Stimme.
„Mama! Papa!“, rufen beide.

„Wir kommen!“
Es dauert keine Minute,
bis Papa und Mama
in der Tür erscheinen.
Mama nimmt Luis huckepack.
Papa nimmt Lena huckepack.
Als Lena und Luis sich
an Papa und Mama kuscheln,
sind die unheimlichen Wesen
aus der Dunkelheit
schon kleiner und weniger gefährlich.

☞ Welche Geräusche hören Lena und Luis, als sie im Baumhaus liegen?

Lösungen

Nicht aufhalten lassen
Moritz hat sich mit dem Hammer
auf den Daumen geschlagen.
Er hält den Daumen
unters kalte Wasser,
denn das lindert den Schmerz.

Gerettet
Sophie sieht drei Hasen,
einen Fuchs und zwei Wildschweine.

Jetzt!
Lukas bemerkt als Erster,
dass sich Angreifer
anschleichen.

Ungestört
Joshua fragt sich,
ob die Käfer
ein Ziel haben.

Unheimlich
Lena und Luis hören,
wie ein Vogel krächzt,
ein Motorrad vorbeifährt
und zwei Katzen brüllen.